madoi

旬野菜の
発酵
ごはん

円居

とにかく食べることを楽しめなくなったのは、
娘をお腹に宿した時でした。つわりがひどく、スープすら飲むのもつらい毎日。
でもお腹の子に栄養あるものを届けたい…そんな時にふと「飲む点滴＝甘酒」と
いうフレーズを目にし、「甘酒なら」とすがる思いで飲み始めました。

でも、もともと甘酒は好きではなくて、なんとかおいしく飲めるように、四苦
八苦。ヨーグルトやきなこに混ぜたり、まずは液体から毎日飲むと決めました。
そうしたら身体が少し楽になってきて、お料理にも砂糖の代わりに使い始めま
した。いつのまにか甜菜糖すらも使わないようになっていて。「甘酒ってすごい。
どうやって作るんだろう？」。そんなことがきっかけで「発酵食」を勉強するこ
とになりました。

ちょうど出産を終え、慣れない育児と子育てだけの生活に気が狂いそうになっ
ていたので、「発酵食スペシャリスト」の資格が取れる講座を見つけた時には、
なんの迷いもなく受講しました。発酵食の世界は知れば知るほど奥深くて、日本
に根付くものや後世に残していかなくてはいけないものも多く、自分一人で学ん
で終わりではなくて、人に伝えていきたいと。ただただ自然にそう思って「発酵
ごはんの会」を始めて今に至ります。だからいつも思うんです。すべてのきっか
けを作ってくれたのは娘なんだなぁ、って。

本を出すお話をいただいた時に、いちばんに考えたのが「娘が何回も作ってく
れて、嫁入り道具に持って行ってくれる本にしたい！」。不純な動機ですが、だ
からこそ簡単で作りやすく、楽しくて、みんなが発酵食の世界に興味をもってく
れるような本になったら、こんなにうれしいことはないと思います。

　　　　はじめに

※この本に掲載されているレシピの材料は、基本的に4人分もしくは作りやすい分量で表記しています。

contents

はじめに……3

発酵食とは……6
発酵食のチカラ……8

日々の発酵ごはん……11
甘酒レシピ……12
酒粕レシピ……24
塩糀レシピ……36
醤油糀レシピ……48
味噌レシピ……60

ハレの日の発酵ごはん……73
特別な日のおもてなしごはん……74
旬を味わうランチボックス……84
心躍るピクニックランチ……92
子どもも喜ぶスイーツレシピ……96

Madoi selection……104

発酵食とは

例えば、大豆が納豆になったり、牛乳がチーズになったり、元の食品に比べてうま味や栄養素が増すのは、"発酵のチカラ"によるものです。このうま味は微生物（菌）が食材の成分を分解することによって増していくのです。菌の中には乳酸菌や糀菌、酵母菌など、さまざまな菌がいます。それらの菌は一定の温度や環境の中で「発酵」し、新しい産物を作り出すのです。そして、それはただおいしいだけではなく、保存力や健康に役立つ成分もぐんと増えます。私たちの身近にある伝統的な食材は「発酵」というプロセスを経て作られているものが数多くあるのです。味噌やお酢、日本酒、醤油、かつお節や紅茶なども。日本でも縄文・弥生時代から発酵を利用した食品が作られていました。発酵食品はずっと昔から日本人の食生活や風土の中で大切に育まれて、そしてこれからも守り、受け継がれてゆくものなのだと思います。この本では、発酵食品の中でも「糀」を使い発酵する日本ならではの調味料「甘酒」「酒粕」「塩糀」「醤油糀」「味噌」の5つにスポットを当て、それぞれのレシピを紹介しています。

1

甘酒

甘酒は、米糀とお湯を一定の温度で発酵させて作ります。糀の酵素アミラーゼにより米のデンプンが糖に変わり、甘味が出るのです。甘酒は料理やお菓子作りでお砂糖代わりにもなり、食材のうま味を引き出す役割も果たします。

2

酒粕

米と米糀を発酵させ、それを搾った液体が「日本酒」になりますが、その時に残った固形物が「酒粕」です。お酒のうま味や栄養素がたっぷりと入っています。新酒の酒粕はフレッシュでフルーティー！お菓子にも意外とよく合う食材です。

3 塩糀

糀に塩と水を加えて作る「塩糀」。食材をやわらかくしたり、うま味を引き出したりと、ここ数年注目を集める調味料になりました。その歴史を振り返ってみると、塩糀という言葉自体はすでに江戸時代の本に記されていたそうです。

4 醤油糀

大豆と小麦を発酵・熟成させて作られた本物の醤油と糀を同量で合わせて作る「醤油糀」。醤油ならではの奥深い味にさらに糀の甘さが加わることで、甘さやコクも備わった極上の調味料になります。一番作りやすい発酵調味料です。

5 味噌

味噌の原料は3つ。大豆と糀と塩だけです。糀の種類や熟成期間によって、さまざまな味噌が出来上がります。糀の量が増えるほど甘口（白みそ）になり、仕込んで3カ月からお好みの味に変化させられる手前味噌は格別です。

発酵食のチカラ

消化吸収がよくなる 2

発酵食品には、成分を分解する酵素がたっぷり含まれています。分解された成分は体内でスムーズに吸収されます。

美容・美肌に良い 1

発酵食品が腸内環境を整えることで、美容・美肌の効果が期待できます。発酵食品に含まれる栄養素は腸から吸収され、血液によって身体を巡り、肌を美しく保ちます。

4 栄養価が高くなる

発酵することで、酵素、乳酸菌、ビタミンB、カルシウムなど私たちの身体を整える栄養素が格段に増えます。

5 食べておいしい

元の食品に比べてうま味が増すのは、発酵のチカラによるもの。このうま味は、微生物が食材の成分を分解する（デンプンがブドウ糖に、タンパク質がアミノ酸に）ことでさらにおいしくなるのです。

3 保存力がアップする

発酵作用のある微生物には、他の微生物の繁殖を抑える働きがあります。発酵食品に含まれている善玉菌が、食材を腐敗させる悪玉菌の働きを封じ込めるため、長持ちします。

「円居」な時間

料理は幼い頃から好きでした。米国に暮らしたことのある母親の影響で、バターたっぷりのケーキやお肉料理をよく教えてもらっていました。今とは真逆です。

高校の頃、母親が不治の病になり、否応なしに家族のごはんを作る担当になりました。「好きなモノを作る」から「食べ盛りの兄弟の栄養や仕事で疲れて帰ってくる父親のことを考えた食事を作る」という次のステップへ強制出世させられたのです。でも、作るのが嫌だと思ったことはありませんでした。

学生時代のアルバイトもすべて飲食店でした。友だちを料理でもてなしたり、カフェやおいしいお店を巡ったり、いつも「作ること」と「食べること」が生活の中心だったように思います。就職先でもカフェのメニュー開発、人材教育、店舗デザインなど、さまざまな分野で本当にいろいろな仕事をさせてもらいました。

今思うと、小さい頃から今まで起こったこと、やってきたことはすべてつながっていると思えるほどに、この「発酵食の先生」という仕事にたどり着けたことは運命だなぁと思います。だからこそ大事にして、来てくださる皆さんがもっともっと喜んでいただける時間を作りたい。空間にこだわり、お皿にこだわり、山野草にこだわり、食感も香りも味も、全部が私にとって料理の一部。そのすべてを来てくださる方と一緒に楽しみ、「円居」な時間を作っていく。それが「アトリエ教室」という形です。おかげさまで、今では予約開始と同時に満員御礼です。

この教室は、おばあちゃんになるまで続けていきたいんです。だって人も発酵してますから。歳をとればもっと深みが増して熟成していくから。80歳の私はどんな教室をやっているのかな。すごく興味あるという方がいらっしゃいましたら、それまで元気に通ってくださいね！

アトリエ教室の日程はブログ「円居日和」で随時お知らせしています。
http://madoi-biyori.cocolog-nifty.com/
Instagram：madoi1011

日々の発酵ごはん

甘酒　酒粕　塩糀　醤油糀　味噌

甘酒

ビタミンBや食物繊維、葉酸などさまざまな栄養素が含まれ、"飲む点滴"とも言われるほど栄養豊富な「甘酒」。私は糀とお湯を1：1の割合で一定温度長時間発酵させて甘い糀を作ります。これが甘酒の素。水やお湯と混ぜて、甘酒として飲むのはもちろん、お砂糖代わりに使うと優しい甘さやコクが出ます。食材をふっくらさせる効果も。甘酒ができたらバーミックスなどで撹拌してクリーム状にしておくと、お料理やお菓子に混ざりやすくおすすめです。

発酵

★味がしっかりついているのでお弁当のおかずにも。車麩の水気が残っているとべちゃっとしてしまうのでしっかり水気を切ってください。

車麩の照り焼き豆腐タルタル添え

車麩 ‥‥‥ 4つ
片栗粉 ‥‥‥ 適量
照り焼きたれ
  | 甘酒 ‥‥‥ 大さじ3
  | みりん ‥‥‥ 大さじ3
  | 醤油 ‥‥‥ 大さじ3
  | 日本酒 ‥‥‥ 大さじ3
  | ショウガ搾り汁 ‥‥‥ 小さじ1
  | 片栗粉 ‥‥‥ 小さじ1
ネギ ‥‥‥ お好みで
タルタルソース（P93）

1. 車麩はぬるま湯で戻し、水気をよく切っておく
2. 1に片栗粉をまぶし、180℃の油で硬くなるまで揚げる
3. 照り焼きたれの材料はすべてよく混ぜておき、フライパンに入れて熱し、アルコールを飛ばす
4. 揚げたての車麩をたれに絡める
5. タルタルソースをのせて、お好みでネギを散らしていただく

ベジブラウンシチュー

玉ねぎ‥‥‥1個
にんにく‥‥‥1かけ
菜種油‥‥‥大さじ3
きのこ‥‥‥1パック
ごぼう‥‥‥1本
トマト缶(カット)‥‥‥1缶
水‥‥‥トマト缶1/2缶分
八丁味噌‥‥‥大さじ3
干し柿チャツネ(P17)‥‥‥大さじ2

醤油‥‥‥お好みで

1. にんにくはみじん切り、玉ねぎはくし切り、ごぼうは薄く切っておく
2. フライパンに菜種油とにんにくを入れ、玉ねぎ→きのこ→ごぼうの順でよく炒める
3. トマト缶と水、八丁味噌、干し柿チャツネを圧力鍋に入れて、圧力をかける(圧がかかってから5分くらい)
4. 圧が下がったら、お好みで醤油を入れて味を調える

★醤油は味をみてから、足りないようなら入れてください。

糀たまご焼き

卵 ‥‥‥ 6個
甘酒 ‥‥‥ 大さじ4
みりん ‥‥‥ 大さじ2
塩糀 ‥‥‥ 大さじ1

1. 卵を割り、よくほぐしておく
2. 1と甘酒、みりん、塩糀をよく混ぜる
3. 卵焼き器で焼く

★銅製の卵焼き器で焼くと、よりふっくらとします。
甘酒によっては甘味が足りない場合があるので、
きび糖を少し足して調節してください。

干し柿チャツネ
| 甘酒 ‥‥‥ 大さじ3
| はちみつ ‥‥‥ 大さじ2
| 味噌 ‥‥‥ 大さじ1
| 干し柿 ‥‥‥ 1個

すべての材料をフードプロセッサーでなめらかになるま
で混ぜる。カレーやドレッシングにも使えます。

柿とこんにゃくの白和え

こんにゃく……1枚
醤油……大さじ1
柿……1個
A 厚揚豆腐……1/2丁
　味噌……大さじ1
　きなこ……大さじ3
　甘酒……大さじ2〜3
　練りごま……大さじ2

1. こんにゃくは20分ほどゆで、細く切る
2. フライパンに油（分量外）をひき、1をチリチリになるまで炒める。醤油を回しかけ、火を止めて冷ます
3. 柿はこんにゃくと大きさを合わせて切る
4. Aをすべてフードプロセッサーでなめらかになるまで混ぜ、3と和える

甘酒ナムル

ほうれん草……1束
セロリ……1本
紫キャベツ……2〜3枚
ナムルたれ
　甘酒……大さじ2
　豆板醤……小さじ1
　みりん……小さじ1
　ごま油……小さじ1
　すりごま……小さじ1

1. ナムルたれの材料をよく混ぜておく
2. ほうれん草、セロリ、紫キャベツはそれぞれさっとゆでてから冷水に放ち、水気をよく切っておく
3. 食べやすい大きさに切り、ナムルたれと和える

★ゆですぎると歯ごたえがなくなってしまうので、さっとゆでるのがポイントです！春菊やもやし、ブロッコリーなどもよく合います。

虎豆の甘酒醤油煮

虎豆 ‥‥‥180g
水 ‥‥‥600cc
甘酒 ‥‥‥60g
醤油 ‥‥‥大さじ2
みりん ‥‥‥大さじ3

1. 虎豆はたっぷりの水で一晩浸水させておく
2. 圧力鍋にすべての材料を入れて、圧がかかってから5分経過したら火を止める
3. 圧が下がったら豆をつぶしてみて、硬いようなら再度火にかけてやわらかくなるまで煮る

★花豆や大豆、黒豆などで作ってもおいしいです。冷める工程で豆に甘さがしみ込むので、冷めるまでいただくのは待ってくださいね!

里芋の毬栗コロッケ

里芋 ‥‥‥3〜4個
甘酒 ‥‥‥大さじ2
醤油 ‥‥‥小さじ1
にんにく ‥‥‥1かけ
玉ねぎ ‥‥‥小1個
きのこ ‥‥‥1パック
味噌 ‥‥‥大さじ1
甘栗 ‥‥‥5〜6個
フライ用:小麦粉→卵→水→素麺の順で

1. 里芋を蒸籠で蒸かし、熱いうちにつぶして甘酒と醤油を混ぜておく
2. 玉ねぎ、にんにく、きのこをみじん切りにする
3. 玉ねぎ、にんにくを炒め、しんなりしたらきのこも炒め、味噌で味つけする
4. 1と3、甘栗を混ぜて丸くし、卵と水で溶いた小麦粉にくぐらせてから、折った素麺の衣をつけて180℃の油でカラッと揚げる

★秋になると作りたくなるコロッケです。里芋は蒸籠で蒸かすのが一番ほっこりするのでぜひ蒸籠でやってみてください。

りんごとブルーチーズの甘酒ドレッシングサラダ

りんご……1/2個
ミックスリーフ……1袋
ブルーチーズ……適量
ナッツ……適量
タイム、オレガノ……適量
甘酒ドレッシング
　味噌……大さじ2
　菜種油……大さじ1
　甘酒……大さじ1
　粒マスタード……大さじ2
　にんにくすりおろし……大さじ1
　千鳥酢（P107）……大さじ2

1. 甘酒ドレッシングの材料をすべてよく混ぜておく
2. りんごは薄切りにし、塩水につけておく
3. ミックスリーフは洗い、水気を切る
4. ブルーチーズ、ナッツは細かく刻む
5. ボウルに材料を入れ、甘酒ドレッシングで和える

レンコンとさつまいものステーキ バルサミコ甘酒ソース

レンコン……2節
さつまいも……大1本
塩糀……大さじ2
バルサミコ甘酒ソース
　甘酒……大さじ3
　バルサミコ酢……大さじ3
　はちみつ……小さじ1
　粒マスタード……小さじ1
　にんにくすりおろし……1かけ

1. バルサミコ甘酒ソースの材料をすべて鍋に入れ、とろっとするまで煮詰める
2. レンコンとさつまいもは皮つきのまま輪切りにし、塩糀をまぶし10分ほど置く
3. 油（分量外）を熱したフライパンに2の野菜を入れ、ふたをし、弱火〜中火でじっくりと焼く
4. レンコンとさつまいもを交互に重ね、上からバルサミコ甘酒ソースをかける

★塩糀をまぶした野菜は、じっくりと焼くことで甘味が引き出されます。

酒粕

日本のスーパーフード「酒粕」。糖質やビタミン、食物繊維、100種類以上の酵素など美容と健康に良い栄養素を豊富に含んでいます。ただ、酒粕には8%前後のアルコール分が含まれるので、お子さまや妊婦さん、運転する方は気をつけてください。酒粕と水を1：1の割合で混ぜ、鍋で熱した「ゆる酒粕」を作っておくと便利です。加熱するとアルコール分が飛びます。その際、熱に弱い栄養素はなくなりますが、残るものもたくさんありますので日々の調味料としてお使いください。

発酵

酒粕クリームグラタン

玉ねぎ……1/2個
にんにく……1かけ
きのこ2種類……各1パック
菜種油……大さじ3
酒粕……大さじ2
味噌……大さじ1
塩糀……大さじ2
米粉……大さじ3
豆乳……250cc
ローリエ……1枚
とろけるチーズ……適量
かぶやじゃがいも、レンコンなどお好みのゆで野菜

1. 玉ねぎ、にんにく、きのこをみじん切りにする
2. フライパンに菜種油をひき、にんにく、玉ねぎ、ローリエを入れて炒める
3. しんなりしてきたら、きのこを入れてさらに炒める
4. 3に酒粕、味噌、塩糀を入れて味つけする
5. さらに米粉を入れて練り、豆乳を少しずつ入れてベシャメルソースを作る
6. お好みのゆで野菜とソース、とろけるチーズを交互に並べ、オーブンでチーズがこんがりするまで焼く

★豆乳を多くするとクリームシチューになります。体を温めてくれるおかずです。

酒粕カルボナーラ

パスタ ‥‥ 200gくらい
にんにく ‥‥ 1かけ
玉ねぎ ‥‥ 小1個
きのこ ‥‥ 1パック
味噌 ‥‥ 大さじ1
酒粕 ‥‥ 30gくらい
白だし ‥‥ 大さじ2
米粉 ‥‥ 大さじ2
豆乳 ‥‥ 200ccくらい
レモン汁 ‥‥ 少々
塩、黒こしょう ‥‥ 適量

1. パスタをゆで始める
2. フライパンに油（分量外）をひき、みじん切りにしたにんにくと玉ねぎ、きのこを入れてよく炒める
3. 2に酒粕と味噌、白だしを入れて溶かす
4. 米粉を入れて素早く混ぜる
5. 豆乳を少しずつ加え、好みの濃度になるまで入れる
6. レモン汁、塩、黒こしょうで味を調える
7. ゆでたパスタと和える

★酒粕パルメザンチーズ（P33）をかけると、よりチーズ感が強くなります。黒こしょうをたっぷりふって召し上がれ。

お豆とひじきの酒粕マリネ

生ひじき ⋯⋯ 1パック
ミックスビーンズ ⋯⋯ 1パック
にんにく ⋯⋯ 1かけ
酒粕 ⋯⋯ 大さじ2
お湯 ⋯⋯ 大さじ1
千鳥酢 ⋯⋯ 大さじ1
レモン汁 ⋯⋯ 大さじ1
醤油 ⋯⋯ 小さじ1

1. 酒粕とお湯を合わせて、やわらかくしておく
2. フライパンに油（分量外）をひき、みじん切りにしたにんにくを入れる
3. 香りが立ったら、ひじきとお豆を入れて炒める
4. 3に1と千鳥酢、醤油を入れて炒め、火を止めてからレモン汁をかける

★予熱が冷めたらタッパーに移し、冷蔵庫に入れて一晩寝かすと味がなじんでよりおいしくいただけます。

アボカドと
レンコンの春巻き

レンコン……1節
アボカド……1/2個
酒粕クリームチーズ……大さじ2
春巻きの皮……4〜5枚
酒粕クリームチーズ
　絹ごし豆腐……1/2丁
　ココナッツオイル……大さじ2
　甘酒……大さじ2
　酒粕……大さじ1
　きび糖……大さじ1
　レモン汁……大さじ1

高野豆腐そぼろの
お野菜巻き

酒粕クリームチーズ ····· 大さじ3
レタス、きゅうり、長ねぎ、赤玉ねぎ ····· 適量
高野豆腐そぼろ
　高野豆腐 ····· 2個
　ショウガ ····· 1かけ
　にんにく ····· 1かけ
　たけのこ ····· 1/2個
A　八丁味噌 ····· 大さじ2
　酒粕 ····· 大さじ1
　醤油糀 ····· 大さじ1
　甘酒 ····· 大さじ3

1. 酒粕クリームチーズのすべての材料をフードプロセッサーに入れて、なめらかになるまで撹拌する
2. アボカドは食べやすい大きさに切る
3. レンコンは薄切りし、塩を少々ふってもんでおく
4. 春巻きの皮にアボカド、レンコンをおき、酒粕クリームチーズをぬって巻く
5. 180℃の油でカラッと揚げる

★酒粕クリームチーズがあまったら、パンにぬったり、野菜のディップにして召し上がってください。

1. 高野豆腐はぬるま湯で戻し、水気をぎゅっと搾り、フードプロセッサーでそぼろ状にしておく
2. たけのこ、ショウガ、にんにくをみじん切りに、きゅうり、長ねぎ、玉ねぎは細切りにする
3. フライパンに油（分量外）をひき、ショウガとにんにくを香りが立つまで熱し、たけのこと高野豆腐を入れて炒める
4. 3にAを入れて味つけする
5. そぼろ、野菜、酒粕クリームチーズをレタスで巻いていただく

★ごはんの上にそぼろをのせて、そぼろ丼にしても。

ズッキーニの
酒粕チーズはさみフライ

ズッキーニ‥‥1.5本
酒粕チーズ‥‥適量
フライ用：小麦粉→卵→パン粉の順で

1. ズッキーニを厚めに輪切りにしておく
2. 冷めた酒粕チーズを小さく割り、ズッキーニで挟む
3. チーズが落ちてこないように楊枝を真ん中にさす
4. フライの材料をつけて、180℃の油で衣が色づくまで揚げる

★トリイソース（P107）ともよく合うフライです。

酒粕チーズ

酒粕‥‥50g
米粉‥‥50g
アーモンドプードル‥‥30g
菜種油‥‥7g
塩‥‥6g
豆乳‥‥大さじ2

1. オーブンを180℃に温めておく
2. ボウルに酒粕と塩を入れてよく混ぜる
3. 2にアーモンドプードルを入れて混ぜ、菜種油、米粉を入れてサラサラになるまで混ぜる
4. 最後に豆乳を入れて平に伸ばし、180℃のオーブンでこんがりするまで10分ほど焼く

★3をフライパンでこんがりするまで炒ると酒粕パルメザンチーズになります。

根菜の酒粕ナッツ煮

大根 ‥‥‥1/4本
にんじん ‥‥‥1本
レンコン ‥‥‥1節
絹さや ‥‥‥3〜4本
だし ‥‥‥ひたひたくらい
A 酒粕 ‥‥‥25g
　甘酒 ‥‥‥大さじ2
　味噌 ‥‥‥大さじ2
　無糖ピーナッツバター ‥‥‥大さじ1

1. 大根は乱切り、にんじん、レンコンも同じくらいの大きさに切っておく
2. 絹さやはゆでておく
3. 鍋に1の野菜を入れ、ひたひたくらいまでだしを注ぐ
4. 火をかけてだしが温まったら、Aをすべて入れ溶かす
5. 野菜がやわらかくなるまで煮る
6. 絹さやを入れて、混ぜながら盛りつける

酒粕グリッシーニ

★グリッシーニはクラッカーのような食感のパンです。生地の中にドライトマトやごま、パセリなどを入れてアレンジも可能です。

薄力粉 ‥‥‥100g
全粒粉 ‥‥‥100g
ベーキングパウダー ‥‥‥5g
白ごま ‥‥‥30g
味噌 ‥‥‥大さじ1
酒粕 ‥‥‥50g
甘酒 ‥‥‥20g
豆乳 ‥‥‥70g
菜種油 ‥‥‥30g

1. オーブンを170℃に温めておく
2. すべての材料をビニール袋に入れてよくもむ
3. 生地がまとまったら、ビニールの上から麺棒で3mmくらいの厚さに伸ばす
4. ビニールから生地を出し、好きな形に成型する
5. 170℃のオーブンで、20分ほど焼く

塩糀

塩糀に漬けたお肉やお魚はとてもやわらかくなります。これは糀に含まれる三大消化酵素（アミラーゼ・プロテアーゼ・リパーゼ）の働きによるものです。野菜も味がしみ込んでうま味が増します。糀と塩と水を３：１：４で混ぜた「塩糀」は、常温で毎日かき混ぜて１週間、糀がやわらかくなったら熟成の合図。塩の味がメインとなりますが、発酵によって生まれたうま味や甘味が加わり、塩とは少し違う調味料に変わります。私は塩というよりだしの代わりに使っています。

紅芯大根と塩糀の
春色おこわ

米 ‥‥‥2合
もち米 ‥‥‥1合
紅芯大根 ‥‥‥100g くらい
白だし ‥‥‥大さじ3
塩糀 ‥‥‥大さじ2
水 ‥‥‥500cc

1. 紅芯大根はさいの目に切り、冷凍庫で凍らせておく
2. 米ともち米は洗って、30分以上浸水させておく
3. すべての材料を土鍋に入れて強火で15分炊き、火を止めて15分蒸らす

（長谷園のかまどさん土鍋使用）

★紅芯大根は凍らせておくと、味がしみ込みやすくなります。

かぼちゃのスパイスコロッケ

かぼちゃ ‥‥‥ 1/4 個
塩糀 ‥‥‥ 大さじ 1
玉ねぎ ‥‥‥ 1 個
味噌 ‥‥‥ 小さじ 1
カレー粉 ‥‥‥ 大さじ 1
クリームチーズ ‥‥‥ 適量
フライ用：小麦粉→卵→パン粉の順で

1. かぼちゃは蒸籠で蒸して、温かいうちに塩糀を混ぜてつぶしておく。玉ねぎはみじん切りにしておく
2. 玉ねぎを菜種油（分量外）で炒め、味噌で味つけし、1 のかぼちゃとカレー粉を一緒によく混ぜる
3. 2 の真ん中にクリームチーズを入れ、一口サイズに丸める
4. フライの材料をつけ、高温でカラッと揚げる

★中はすべて火が通っているので高温（180℃くらい）の油でキツネ色になる程度にカラッと揚げてください。低温から入れてしまうとべちゃっとしてしまいます。

かぼちゃとにんじんの豆腐ポタージュ

かぼちゃ‥‥‥200gくらい
にんじん‥‥‥小1本
玉ねぎ‥‥‥1個
水‥‥‥ひたひたくらい
絹ごし豆腐‥‥‥1丁
塩糀‥‥‥大さじ2

1. かぼちゃとにんじんは一口サイズにカットし、塩糀をまぶしておく
2. 薄切りした玉ねぎと1を鍋に入れて水をひたひたになるまで注ぎ、豆腐を手で崩しながら入れて一緒にやわらかくなるまで煮る
3. 2をブレンダーで回し、薄かったら塩で味を調える

★野菜に塩糀をまぶして15分くらい置いておくとより甘味が増します。お豆腐からいいだしが出るのでおいしいお豆腐を使ってくださいね！

キヌアの ピーマン詰め

ピーマン⋯⋯4〜6個
キヌア⋯⋯1カップ
水⋯⋯2カップ
玉ねぎ⋯⋯小1個
きのこ⋯⋯1パック
にんにく⋯⋯1かけ
塩糀⋯⋯大さじ1
味噌⋯⋯小さじ1
とろけるチーズ⋯⋯適量
ハーブ塩⋯⋯お好みで

1. キヌアは分量の水を入れ、弱火でふたをして15分ほど炊いておく
2. 玉ねぎときのこ、にんにくはみじん切りにする。菜種油(分量外)でしんなりするまで炒め、塩糀と味噌で味つけする
3. 1と2をよく混ぜてピーマンに詰める。とろけるチーズをのせ、180℃のオーブンでチーズがとろっとするまで焼き、お好みでハーブ塩をふる

★ピーマン以外にもしいたけやくり抜いたズッキーニ、なすに詰めて、同じようにチーズをのせて焼いてもおいしいです。タイムやバジルなどのハーブとの相性もいいです!

雑穀茶巾の白だし洋風おでん

油揚げ⋯⋯2枚
雑穀(キヌア)⋯⋯大さじ3
乾燥ひじき⋯⋯10gくらい
玉ねぎ⋯⋯1/2個
にんじん⋯⋯1/2本
昆布茶⋯⋯大さじ1
にんにく⋯⋯1かけ
おでんスープ
 | 白だし⋯⋯大さじ3
 | 塩糀⋯⋯大さじ1
 | 水⋯⋯400ccくらい
ローズマリー、レモン、パルメザンチーズ(お好みで)

1. 玉ねぎは薄切り、にんじんはみじん切りにしておく
2. 油揚げは熱湯を回しかけ、油抜きをして1枚を半分に切っておく
3. ボウルに切った野菜と乾燥ひじき、雑穀、昆布茶を入れ、混ぜてから油揚げに詰めて楊枝で止める
4. みじん切りにしたにんにくとスープの材料を入れ、お好みの野菜と3を一緒に煮る
5. お好みでパルメザンチーズをかけ、レモンを搾る

★乾燥ひじきと雑穀は戻さないまま煮込んでください。茶巾と一緒にカブやセロリ、湯むきしたトマト、ローズマリーなどを煮ると野菜のだしやハーブの香りも出ておいしいです。

りんごとさつまいものホットサラダ

さつまいも ……1本
バターナッツかぼちゃ ……1個
りんご ……1個
セロリ ……1本
レーズン ……ひとつかみくらい
ココナッツオイル ……大さじ1
塩糀 ……大さじ2
昆布茶 ……大さじ1

1. バターナッツかぼちゃはラップをして、レンジでやわらかくなるまで温め、中身をくり抜いておく
2. さつまいもとバターナッツかぼちゃは乱切り、りんごは薄切り、セロリは輪切りにしておく
3. フライパンにココナッツオイルをひき、さつまいもがやわらかくなるまで炒める
4. 3にセロリとりんご、バターナッツかぼちゃを入れて、塩糀、昆布茶も入れてさっと炒める
5. 1の器に盛り付け、レーズンをちらす

★りんごやセロリは炒めすぎない方が食感がよくなります。坊ちゃんかぼちゃでも可愛らしいサラダができます。

塩糀のあっさり漬け

コリンキー ……1/2本
紫キャベツ ……5〜6枚
ズッキーニ ……1本
瓜 ……小1個
漬け汁（各野菜に対して）
　塩糀 ……大さじ2
　昆布茶 ……小さじ1
　米酢 ……大さじ1

1. コリンキーと瓜、ズッキーニは皮をむき、薄く切る
2. 紫キャベツは千切りにしておく
3. コリンキー、瓜とズッキーニ、紫キャベツをビニールに入れて、漬け汁を入れてよくもむ
4. 冷蔵庫で1時間以上置く
5. 水が出るので、搾ってからいただく

★きゅうりやセロリ、カブなどの野菜はもちろん、リンゴや小メロンなどを漬けてもおいしいです。3日以上たつと酸っぱくなってしまうので、それまでに食べ切ってください。

大豆と雑穀ボール

ゆで大豆 ‥‥‥ 200g
玉ねぎ ‥‥‥ 1個
きのこ ‥‥‥ 1パック
にんにく ‥‥‥ 1かけ
レンコンすりおろし ‥‥‥ 50gくらい
塩糀 ‥‥‥ 大さじ1
オートミール ‥‥‥ 50g
片栗粉 ‥‥‥ 大さじ3

1. 玉ねぎ、きのこ、にんにくは、みじん切りにしておく
2. フライパンに油（分量外）をひき、1を塩糀と炒める
3. 2にすりおろしたレンコンを入れて混ぜる
4. 大豆はフードプロセッサーで荒くつぶしておく
5. 3と4を混ぜてから、オートミールと片栗粉を混ぜる
6. 手で丸くまとめてから、中温の油でカリッと揚げる

★ケチャップをつけたり、甘酢餡を絡めたり、お鍋に入れるなど、いろいろなアレンジができます。

切り干し大根のエスニックサラダ

切り干し大根 ⋯⋯ 60〜70g くらい
紫玉ねぎ ⋯⋯ 小1個
パクチー、ナッツ ⋯⋯ お好みで
塩糀ドレッシング
   塩糀 ⋯⋯ 大さじ1
   ナンプラー ⋯⋯ 大さじ3
   千鳥酢 ⋯⋯ 大さじ2
   きび糖 ⋯⋯ 小さじ2
   味噌 ⋯⋯ 大さじ1

1. 切り干し大根は水かぬるま湯でさっと洗っておく
2. 紫玉ねぎは薄切りにして水にさらしてから水気を切り、切り干し大根と混ぜておく
3. 塩糀ドレッシングの材料を混ぜて、2と和える
4. お好みでパクチーやナッツを加える

★切り干し大根は戻しすぎず、食感が残る程度に。

醬油糀

醬油の特徴はなんといっても芳醇な香り。その中には花や果実、珈琲など約300種類以上の成分が複雑に溶け込んで醬油にしか出せない香りや味を作っています。これは酵母菌などが発酵することで生まれるもの。甘露醬油や白醬油、淡口醬油など、作り方や原材料の違い、各蔵元でさまざまな醬油があります。そんな醬油と糀を1：1の割合で作る「醬油糀」は、1日1回混ぜ合わせ、常温で保管すると約1週間で出来上がります。お互いのいいところどりの奥深い万能調味料です。

発酵

豆腐と山芋のあられ揚げ

豆腐 ‥‥‥ 1丁
山芋 ‥‥‥ 100gくらい
乾燥ひじき ‥‥‥ 5gくらい
にんじん ‥‥‥ 小1本
玉ねぎ ‥‥‥ 大3〜4個
卵 ‥‥‥ 1個
醤油糀 ‥‥‥ 大さじ2
オイスターソース ‥‥‥ 大さじ1
カレー粉＋塩 ‥‥‥ 適量
ぶぶあられ、道明寺粉、ごま ‥‥‥ 適量

1. 豆腐はよく水切りしつぶす。山芋はすりおろしておく
2. 水で戻したひじきと千切りにしたにんじん、みじん切りにした玉ねぎを油（分量外）で炒める
3. 1と2、卵、醤油糀、オイスターソースをよく混ぜる
4. ぶぶあられや道明寺粉、ごまなどをつけて油で揚げる
5. 塩とカレー粉を混ぜたものをふりかける

★衣を変えると食感が変化するので楽しいです。
春巻きの皮を細かく切ったものもおすすめです。

乾物と醤油糀の炊き込みごはん

米 ‥‥‥ 3合
干ししいたけ ‥‥‥ 大3〜4個
切り干し大根 ‥‥‥ 20gくらい
醤油糀 ‥‥‥ 大さじ3
醤油 ‥‥‥ 大さじ1
水 ‥‥‥ 550cc

1. 米は洗い、30分以上浸水させておく
2. 乾物はさっと洗っておく
3. すべての材料を土鍋に入れて、強火で15分炊き、火を止めて15分蒸らす

★長谷園のかまどさん土鍋使用。節分豆を入れて炊くと、おいしい乾物豆ごはんになります。

切り干し大根といんげんのきなこ和え

切り干し大根 ‥‥‥40gくらい
油揚げ ‥‥‥1枚
いんげん ‥‥‥100 g
Aみりん ‥‥‥大さじ3
　醤油糀 ‥‥‥大さじ1
　甘酒 ‥‥‥大さじ2
　きび糖 ‥‥‥大さじ1
　味噌 ‥‥‥大さじ1

　きなこ ‥‥‥大さじ2
　練りごま ‥‥‥大さじ2

1. 切り干し大根はさっと洗い、ぬるま湯で固めに戻す
2. 油揚げは油抜きをし、短冊状に切っておく
3. いんげんをゆでる
4. Aをよく混ぜて、1.2.3と一緒に和える

ごぼうとナッツの唐揚げサラダ

ごぼう……1本
片栗粉……適量
五香粉……お好みで
ナッツ……ひとつかみ
レタス、ミックスリーフ……適量
A ショウガ……1かけ
　醤油糀……大さじ2
　味噌……小さじ1
　みりん……大さじ1
　日本酒……大さじ2
甘酒ドレッシング（P22）……適量

1. ごぼうはたたき、適当な大きさに切り、Aを合わせたたれに1時間以上漬ける
2. 細かく砕いたナッツと1を合わせながら片栗粉をまぶし、中温の油でじっくりと揚げ、お好みで五香粉をまぶす
3. サラダと甘酒ドレッシングを和え、上に2をのせる

★2でナッツが合わせにくかったら、片栗粉に水を少し入れるとナッツとごぼうがくっつきます。

レンコンと紫芋の金平

レンコン……1/2節
紫芋……1/2本
甘酒……大さじ2
醤油……大さじ2
みりん……大さじ2
ごま、山椒……適量

1. レンコンと紫芋は薄い輪切りにしておく
2. フライパンに油（分量外）を入れて、1を炒める
3. 甘酒、醤油、みりんを入れて炒め、火を止めてごまと山椒をふる

★にんじんやウド、苦味のある山菜で作ってもおいしいです！

大豆のスパイスベジサモサ

ゆで大豆 ‥‥‥ 1カップ
じゃがいも ‥‥‥ 大1個
玉ねぎ ‥‥‥ 1/2個
醤油糀 ‥‥‥ 大さじ1
カレー粉 ‥‥‥ 大さじ1
春巻きの皮 ‥‥‥ 1袋
糀マヨネーズ ‥‥‥ 大さじ2

A 糀マヨネーズ
　絹ごし豆腐 ‥‥‥ 1/2丁
　塩糀 ‥‥‥ 大さじ1
　酢 ‥‥‥ 大さじ1
　甘酒 ‥‥‥ 大さじ1
　粒マスタード ‥‥‥ 大さじ1
　菜種油 ‥‥‥ 大さじ1
　味噌 ‥‥‥ 大さじ1

1. 玉ねぎは薄切りにして、油（分量外）をひいたフライパンでしんなりするまで炒め、醤油糀で味つけしておく
2. 蒸したじゃがいも、ゆで大豆、炒めた玉ねぎを混ぜてほどよくつぶす
3. Aの材料をフードプロセッサーで攪拌し、糀マヨネーズを作る
4. 糀マヨネーズとカレー粉で2を味つけし、春巻きの皮で包み揚げる

★豆腐を水切りしなくても作れますが、水切り豆腐を使えば、3日ほど冷蔵庫で保存可能です。

厚揚げくるみ田楽

A 甘酒 ‥‥‥ 大さじ2
　醤油糀 ‥‥‥ 大さじ1
　味噌 ‥‥‥ 大さじ1
　みりん ‥‥‥ 大さじ2
くるみ ‥‥‥ 100gくらい
厚揚げ ‥‥‥ 1丁
ごま油 ‥‥‥ 大さじ1

1. オーブンを180℃に温めておく
2. くるみは細かく切っておく
3. くるみとAをよく混ぜる
4. 厚揚げの表面にごま油をヘラでぬり、その上に2をこんもりとのせる
5. 180℃のオーブンで約10分、焦げめがつくまで焼く

たたきごぼうと
こんにゃくの黒酢煮

ごぼう‥‥‥1本
こんにゃく‥‥‥1枚
醤油糀‥‥‥大さじ2
みりん‥‥‥大さじ2
黒酢‥‥‥大さじ2
だし‥‥‥1カップ
醤油‥‥‥大さじ1

1. こんにゃくは塩もみし、沸騰したお湯で約20分ゆでる
2. 1を適当な大きさに切り、たたきのばす
3. ごぼうもたたき、適当な大きさにさいておく
4. フライパンに油（分量外）をひき、こんにゃくがチリチリしてくるまでよく炒める
5. 4にごぼうも入れて炒めてから、だしと醤油糀、みりんと黒酢を入れ、煮詰まるまで煮る
6. 仕上げに醤油をふりかける

★こんにゃくがチリチリするまで炒めること、水分がなくなるまできちんと煮詰めることがポイントです！

味噌

「畑のお肉」と言われる大豆で作る味噌。私たちに必要不可欠な必須アミノ酸がお肉に匹敵するほど豊富にバランスよく含まれています。他にもホルモンバランスを整える大豆イソフラボンやレシチンなど、大豆の栄養素が「発酵」という過程を経て、さらに進化した食材が味噌なのです。作り方（5kg）は糀1.5kg、塩600ｇ、大豆1.3kg。3カ月ほどで薄茶色に、10カ月後には濃い茶色に変化します。「味噌は医者いらず」、1日1杯のお味噌汁が、元気や安らぎを与えてくれます。

1.5kg ＋ 600ｇ ＋ 1.3kg

発酵

ベジタブル味噌キッシュ

キッシュ土台［21cmタルト型］
- 薄力粉‥‥90g
- 全粒粉‥‥90g
- 塩‥‥ひとつまみ
- 菜種油‥‥50g
- 練りごま‥‥15g
- 味噌‥‥小さじ1
- 豆乳‥‥30g

1. オーブンを180℃に温めておく
2. 粉類と塩を混ぜ、菜種油と練りごま、味噌を加え、生地がぽろぽろするまで混ぜる
3. 豆乳を入れてひとまとめにし、平らにならしタルト型に敷き詰めてフォークで穴をあける
4. オーブンで20分ほど空焼きする

フィリング
- 卵‥‥3個
- 豆乳‥‥100cc
- ナツメグ‥‥少々
- 味噌‥‥大さじ1.5
- さつまいも‥‥小1本
- 玉ねぎ‥‥小1個
- きのこ‥‥1パック
- にんにく‥‥小1かけ
- とろけるチーズ‥‥適量

1. ボウルに卵と豆乳、ナツメグを混ぜる
2. にんにくはみじん切り、さつまいもは薄い輪切り、玉ねぎは薄切り、きのこは手でさいておく
3. フライパンに油（分量外）をひき、にんにく、玉ねぎ、さつまいも、きのこを炒める
4. さつまいもに油が回ったら、味噌を入れて鍋肌で溶かしながら混ぜる
5. 熱いうちに1の卵液と混ぜる
6. タルトに流し込み、とろけるチーズをのせて、180℃のオーブンで20〜25分焼く

★具の野菜はなんでもOK！かぼちゃやじゃがいもはもちろん、長芋やゆり根なども意外と合います。どの具材でも玉ねぎときのこは入れてくださいね！

秋なすと厚揚げの浜納豆炒め

秋なす……2本
厚揚げ……1個
きのこ……1パック
モロッコインゲン
　……3〜4本
ショウガ……1かけ

中華糀たれ
　みりん……大さじ3
　醤油糀……大さじ2
　味噌……大さじ1
　浜納豆……大さじ2
　すりおろしにんにく
　………大さじ1
※たれは事前に合わせる

1. なすはピーラーでところどころ皮をむき、厚揚げは熱湯を回しかけて油抜きし、それぞれざく切りにする
2. ショウガはみじん切りにしておく。モロッコインゲンはゆでておく
3. 鍋に多めの油（分量外）を入れてからショウガを入れ、香りが立ったら、なすを入れてじっくり焼く
4. 途中、きのこと厚揚げも入れて焼き、しんなりしてきたら、モロッコインゲンを入れ、中華糀たれを絡める

★浜納豆が豆鼓の代わりになり、麻婆豆腐のような味になります。

高野豆腐はさみフライ

高野豆腐‥‥‥2個
だし‥‥‥ひたひたくらい
くるみ‥‥‥大さじ2
味噌‥‥‥小さじ2
甘酒‥‥‥大さじ2
フライ用：小麦粉→卵→パン粉の順で

1. 高野豆腐はだしで戻し、やわらかくなったら水気をよく切る
2. 刻んだくるみ、味噌、甘酒をよく混ぜておく
3. 高野豆腐の間に2のくるみ味噌を挟む
4. フライの材料をつけ、180℃の油でカラッと揚げる

★トリイソースや糀マヨネーズ（P57）、酒粕クリームチーズ（P31）をつけても美味！

糀ベジタブルカレー

玉ねぎ……1/2個
にんにく……1かけ
ショウガ……1かけ
ごぼう……1/2本
きのこ……1パック
トマト缶（カット）……1缶
水……トマト缶1/2缶分

八丁味噌……大さじ3
甘酒……大さじ4
カレー粉、コリアンダー、クミン……各大さじ2
無糖ピーナッツバター……大さじ1
ココナッツミルク……大さじ3
塩……適量
つけ合わせ野菜（レンコン、にんじん、かぼちゃなど）

雑穀とお豆のハンバーグ

ゆで大豆 ‥‥‥ 1カップ
雑穀 ‥‥‥ 1カップ
レンコン ‥‥‥ 1節
玉ねぎ ‥‥‥ 1/2個
ナッツ ‥‥‥ 10粒ほど
A 味噌 ‥‥‥ 大さじ2
　ナツメグ、クローブ、シナモン ‥‥‥ 各少々
　全粒粉 ‥‥‥ 大さじ3
　片栗粉 ‥‥‥ 大さじ2

1. オーブンを180℃に温めておく
2. 雑穀は倍量の水を加え、弱火でふたをして15分ほど炊く
3. レンコンはすりおろし、水気を搾っておく
4. 玉ねぎはみじん切りにする
5. ゆで大豆とナッツをフードプロセッサーにかけてつぶし、3と4の野菜、雑穀、Aを混ぜて丸く成形し、フライパンで両面がカリッとするまで焼く
6. 180℃のオーブンで、10〜15分さらに焼く

★雑穀はキヌア、ひえ、粟などがおすすめです。焼いた状態で冷凍可。お弁当などにも！

1. つけ合わせ野菜は食べやすい大きさにカットし、グリルしておく
2. みじん切りにしたにんにく、ショウガ、玉ねぎ、ごぼう、きのこを圧力鍋で炒め、スパイス、甘酒、八丁味噌、トマト缶と水を入れて圧力をかける
3. 圧が下がったら、無糖ピーナッツバター、塩、ココナッツミルクで味を調える

大豆たんぱくの味噌唐揚げ

大豆たんぱく（から揚げ用）‥‥‥8個
片栗粉‥‥‥適量
味噌‥‥‥大さじ2
にんにく‥‥‥小1かけ
みりん‥‥‥大さじ2

1. 大豆たんぱくはぬるま湯で戻し、水気をよく切る
2. 1に味噌、すりおろしたにんにく、みりんをもみ込み、30分以上置く
3. 2に片栗粉をつけて、高温でカラッと揚げる

★冷めても味がしっかりついているので、お弁当のおかずなどにも！

キャロット味噌ラペ

にんじん‥‥‥2本
にんにく‥‥‥1かけ
塩‥‥‥小さじ1
きび糖‥‥‥大さじ1
A 千鳥酢‥‥‥大さじ2
　味噌‥‥‥大さじ1.5
　菜種油‥‥‥大さじ2
　クミンシード、コリアンダー
　‥‥‥‥‥‥‥‥‥適量
黒こしょう‥‥‥少々

1. にんじんは千切りにし、塩ときび糖をふって少し置く
2. すりおろしたにんにくとA、水気を切ったにんじんを入れて和える
3. 仕上げに黒こしょうをガリガリする

★ゆでたレンズ豆やレーズンなどを入れても！1日たつと味がなじんでよりおいしいです。

味噌ラタトゥイユ

なす……1本
かぼちゃ……1/4個
にんじん……1本
玉ねぎ……1個
にんにく……1かけ
味噌……大さじ3
トマト缶（カット）……1缶
甘酒……大さじ4
水……ひたひた弱

1. 野菜類は大きさを合わせて切る。にんにくはみじん切りにする
2. フライパンに油をひき、にんにくを入れて、硬い野菜から炒める
3. 野菜に油が回ったら味噌を入れて焦げないように炒め、トマト缶、甘酒を入れる
4. ひたひたより少ない水を入れて、汁気がなくなるまで落し蓋をして煮る

「いい菌が育つアトリエに」

発酵食の勉強を通して、菌の世界のことを学びました。自分がもっている菌、それぞれのお家に棲んでいる菌、さまざまな菌が生きていて、育っています。お味噌作りを同じ空間でやっても一人ずつ味が変わるのは、菌が育つ環境が違うから。

アトリエにもいい菌をたくさん育てたいな、といつも思っています。それに欠かせないものはいろいろあるけれど、まずは常に自分が陽気にいい「気」を流すこと、空間を清潔にすることを心掛けています。

そして、自分の暮らしの中にも必要だと思うものが、季節のグリーンやお花です。アトリエの食卓にはいつもお花や枝もの、実ものなどを飾り、皆さんをお迎えします。生き物があると空間を正そうとする、といっても派手なものでなく、素朴な山野草がとても好きなので、お庭に咲いている梅の木や水仙を飾る時もあります。素敵なお花屋さんで買ったりもしますが、ほとんどが八百屋さんや農家さんが出店しているようなお店で野菜と一緒に売られているものです。特に季節の枝ものを見ると飛びついてしまいます。

料理の写真を撮る時も、必ずと言っていいほどグリーンやお花と一緒に撮ります。ちょっと器に添えるだけで華やかになり、アクセントにもなるからです。どっちがメインかわからないくらいという時も（笑）。

大事にしているのは、空間やお料理を通じて季節を感じることができ、それを愛でること。時には花の優しい香りに心が和らいで、私たちを笑顔にしてくれます。そうすればきっといい菌が増えるんじゃないかな、って勝手に思うのです。それに、四季から生まれる料理がある日本だからこその喜びをたくさん皆さんと分かち合いたいな、とそんな風に思っています。

アトリエ教室の日程はブログ「円居日和」で随時お知らせしています。
http://madoi-biyori.cocolog-nifty.com/
Instagram：madoi1011

ハレの日の発酵ごはん

特別な日のおもてなしごはん
旬を味わうランチボックス
心躍るピクニックランチ
子どもも喜ぶスイーツレシピ

特別な日のおもてなしごはん

お誕生日や入学のお祝いなど、特別な日を演出する「ハレの日のごはん」。お呼びする人たちの喜ぶ顔を思い浮かべながら、木箱に美しい彩りのおかずを並べていきます。ちょっとしたサプライズを添えて。

ピーナッツ生春巻き

生春巻きの皮 ‥‥‥ 4枚
アボカド ‥‥‥ 1個
紫キャベツ ‥‥‥ 2〜3枚
塩糀 ‥‥‥ 大さじ1
レタス ‥‥‥ 4枚
きゅうり ‥‥‥ 2本
スライスチーズ ‥‥‥ 1〜2枚
ピーナッツ糀たれ
　無糖ピーナッツバター ‥‥‥ 大さじ2
　味噌 ‥‥‥ 大さじ1
　甘酒 ‥‥‥ 大さじ2
　ナンプラー ‥‥‥ 小さじ1

1. 紫キャベツは千切りにし、塩糀をまぶし15分ほど置き、水気をよく切っておく
2. きゅうりは千切り、レタスは1枚ずつわけて、アボカドとチーズは適当な大きさに切っておく
3. ピーナッツ糀たれの材料をすべて混ぜ合わせる
4. 水で戻した生春巻きの皮にレタスをひき、その上に野菜を置き、ピーナッツ糀たれをぬり、ぎゅっと包む

★生春巻きの皮は戻しすぎると包みにくいので、さっと水にくぐらせる程度でOK！

レンコンの味噌炒め

レンコン ‥‥‥ 1/2節
にんにく ‥‥‥ 1かけ
甘酒 ‥‥‥ 大さじ2
味噌 ‥‥‥ 大さじ1
みりん ‥‥‥ 大さじ2

1. レンコンは表面をたわしで洗い、皮つきのまま薄く輪切りにする。にんにくはみじん切りにする
2. フライパンに油（分量外）をひき、にんにくを炒め、レンコンに火が通るまで炒める
3. 甘酒、味噌、みりんを入れて味つけする

味噌漬けチーズごままぶし

木綿豆腐 ‥‥‥ 1丁
味噌 ‥‥‥ 大さじ3
甘酒 ‥‥‥ 大さじ3
ごま ‥‥‥ 適量

1. 木綿豆腐は水切りしておく
2. 味噌と甘酒をよく混ぜて1の豆腐の全面にぬり、ラップをして3日〜1週間おく
3. 2を適当な大きさに切り、ごまをまぶす

★長く味噌に漬ければ漬けるほどチーズみたいなお豆腐になります。

りんごとおぼろ昆布の
おむすび

ごはん ‥‥‥ 茶碗2杯分くらい
りんご ‥‥‥ 1/8個
おぼろ昆布 ‥‥‥ 適量

1. 手塩をつけておむすびを握る
2. りんごは薄切りにし、塩水に漬けておく
3. おむすびにおぼろ昆布を巻き、りんごをのせる

赤米と自家製漬けの
おむすび

赤米ごはん ‥‥‥ 茶碗2杯分くらい
ズッキーニ ‥‥‥ 1本
ラディッシュ ‥‥‥ 2個
塩糀 ‥‥‥ 大さじ1
昆布茶 ‥‥‥ 小さじ1/2
酢 ‥‥‥ 小さじ1

1. 赤米をおむすびにしておく
2. ズッキーニとラディッシュは薄く輪切りにし、塩糀、昆布茶、酢を混ぜて10分ほど置いて水気をしっかり搾る
3. おむすびの上に2をこんもりとのせる

うずらの味噌漬け

うずら‥‥‥1パック
味噌‥‥‥大さじ4
甘酒‥‥‥大さじ2
みりん‥‥‥大さじ2

1. うずらはゆでて皮をむいておく
2. 味噌と甘酒、みりんを合わせて漬け床を作る
3. うずらを3日ほど2に漬ける

★このレシピで作った漬け床は他の食材にも使えます。肉や魚などを漬けてもおいしいです。

ふろふき大根

大根‥‥‥1/4本
白だし‥‥‥大さじ3
塩糀‥‥‥大さじ1
お湯‥‥‥ひたひたくらい
ゆず味噌
　白味噌‥‥‥大さじ3
　甘酒‥‥‥大さじ2
　みりん‥‥‥大さじ1
　ゆず皮のおろし‥‥‥小さじ1/2

1. 大根は皮をむき厚切りにして、面取りをしておく
2. 1を米のとぎ汁で5分ほどゆでてこぼす
3. 下ゆでした大根にひたひたのお湯を注ぎ、白だしと塩糀を入れて、大根がやわらかくなるまで煮る
4. ゆず味噌の材料を混ぜて、大根にのせる

★ゆでたこんにゃくや焼いた豆腐、生麩にのせてもおいしいです。

金柑のみりん煮

金柑 ‥‥‥ 8個
みりん ‥‥‥ 大さじ4
米焼酎 ‥‥‥ 大さじ3
水 ‥‥‥ 金柑の半量

1. 金柑を洗い、へたの掃除をし、お尻の方に軽く切り込みを入れておく
2. 圧力鍋に金柑を入れてたっぷりの水を注ぎ、一度沸騰させてから煮こぼす（渋きり）
3. 2を再び圧力鍋に入れて、焼酎とみりんを加える。金柑の半分くらいまで水を注ぎ、圧力をかける
4. 圧がかかったらすぐ火を止め、予熱で金柑を煮る
5. 冷めたら、煮汁につけて冷蔵庫で保存する

★圧力鍋によって圧のかかり方が違うので、やわらかくなりすぎないよう注意してください。瓶詰なら冷蔵庫で1週間ほどもちます。

紫芋茶巾

紫芋 ‥‥‥ 1/2本
塩糀 ‥‥‥ 大さじ1
豆乳 ‥‥‥ 大さじ1〜2
クリームチーズ ‥‥‥ 大さじ2
味噌 ‥‥‥ 小さじ1
たくあん ‥‥‥ 適量

1. 紫芋は皮をむき、蒸籠でやわらかくなるまで蒸す
2. 1を熱いうちにつぶし、塩糀と豆乳を混ぜておく
3. クリームチーズ、味噌、刻んだたくあんを混ぜる
4. ラップに2の紫芋を入れて真ん中に3を入れ、ラップでくるみ、上をねじって茶巾にする

★かぼちゃ、里芋などで代用してもおいしいです！

レンコンボール

レンコン ‥‥‥ 1節
玉ねぎ ‥‥‥ 1/4個
きのこ ‥‥‥ 1/2パック
小麦粉 ‥‥‥ 大さじ3
塩糀 ‥‥‥ 大さじ2
昆布茶 ‥‥‥ 大さじ1
青海苔 ‥‥‥ 大さじ1

1. レンコンは洗ってすりおろし、水分を搾っておく
2. 玉ねぎときのこは、みじん切りにしておく
3. 1と2を合わせて、小麦粉、塩糀、青海苔、昆布茶を入れる
4. ボール状に丸めて、中温の油でじっくり揚げる

豆腐テリーヌ

絹ごし豆腐 ‥‥‥ 200g
ブロッコリー ‥‥‥ 100g
カシューナッツ ‥‥‥ 20gくらい
玉ねぎ ‥‥‥ 50g
塩糀 ‥‥‥ 小さじ1×2
白だし ‥‥‥ 大さじ1×2
水 ‥‥‥ 100cc×2
粉寒天 ‥‥‥ 1.8g×2

1. 鍋に油（分量外）を入れて、細切りにした玉ねぎを炒める
2. 半量を取り出し、ブロッコリー全量と豆腐半量を入れて、水を100cc注ぎブロッコリーがやわらかくなるまでゆでる。塩糀小さじ1と白だし大さじ1で味をつけ、粉寒天1.8gを入れて溶かしてから火を止め、バーミックスで撹拌する
3. 2を容器に流して冷蔵庫で固める
4. 残りの玉ねぎと豆腐、カシューナッツを水100ccで少し煮る。塩糀小さじ1と白だし大さじ1で味をつけ、粉寒天1.8gを入れて溶かしてから火を止め、バーミックスで撹拌する。ブロッコリーのムースが固まったら、その上に流しさらに冷蔵庫で固める

★同じ作り方でにんじんやかぼちゃのムースを作り、3層にしてもきれいです！

豆腐クリームペンネ

ペンネ ‥‥‥ 60〜70g くらい
玉ねぎ ‥‥‥ 小1個
きのこ ‥‥‥ 1パック
豆腐の味噌漬け（P77）‥‥‥ 1/2丁
白だし ‥‥‥ 大さじ2

1. ペンネをゆで始める
2. 豆腐の味噌漬けと白だしをよく混ぜてクリーム状にしておく
3. 薄切りにした玉ねぎ、割いたきのこをフライパンに入れ、油（分量外）で炒める
4. ペンネと2を入れて、和える

ズッキーニの ポテサラ焼き

ズッキーニ ‥‥‥ 1本
じゃがいも ‥‥‥ 2〜3個
ゆで卵 ‥‥‥ 1個
糀マヨネーズ（P57）‥‥‥ 大さじ3
ケッパー ‥‥‥ 小さじ1

1. オーブンを180℃に温めておく
2. ズッキーニは皮つきのまま厚い輪切りにしておく
3. じゃがいもは皮をむいて蒸かし、ゆで卵と一緒にマッシャーで軽くつぶす
4. 3と糀マヨネーズ、刻んだケッパーを和える
5. 4をズッキーニの上にのせて、180℃のオーブンでこんがりするまで焼く

ヤーコンとパプリカの春巻き

ヤーコン ‥‥‥ 50g くらい
にんじん ‥‥‥ 小 1/2 本
パプリカ ‥‥‥ 1 個
しいたけ ‥‥‥ 2～3 個
にんにく ‥‥‥ 1 かけ
白だし ‥‥‥ 大さじ 2
醤油 ‥‥‥ 大さじ 1
コリアンダーパウダー ‥‥‥ 大さじ 1.5
春巻きの皮 ‥‥‥ 4 枚

1. ヤーコンは皮をむき、太めの千切りにしておく
2. にんじんとパプリカ、しいたけもヤーコンとサイズを合わせて切る。にんにくはみじん切りにする
3. フライパンに油（分量外）をひき、にんにく→にんじん→ヤーコン→しいたけ→パプリカの順に炒める
4. 白だし、醤油で味つけし、火を止めてからコリアンダーパウダーをふりかけて混ぜる
5. 4 を春巻きの皮で包み、中温でカラッと揚げる

さつまいもの塩糀レモン煮

さつまいも ‥‥‥ 小 1 本
レモン ‥‥‥ 1/2 個
甘酒 ‥‥‥ 大さじ 3
塩糀 ‥‥‥ 大さじ 1
みりん ‥‥‥ 大さじ 2
水 ‥‥‥ ひたひたくらい

1. さつまいもは皮つきのまま輪切りにし、水にさらしておく
2. 鍋に 1 と輪切りにしたレモンを並べ、甘酒、塩糀、みりんを入れてからひたひたになるまで水を注ぐ
3. さつまいもがやわらかくなるまで煮る

旬を味わうランチボックス

旬の野菜をお米と一緒に炊き込んだり、お豆をコトコト煮込んだり。今日はどんなお弁当にしようと考える時間がまた楽しい。開けた瞬間の驚きや美しさを意識しながら、おいしさをひと箱にぎゅっと詰め込んで。

1 / ごはんの位置を決めて詰め、青葉を敷いておく

4 / 後は色が被らないように漬物以外を詰めていく。お豆などポロポロするものはごはんの近くに置く

2 / おかずは「Zの法則」。まずは「Z」の書き始めの左上に、一番ボリュームのあるおかずを配置（最初に目にするところ）

5 / きれいな色の漬物をごはんの上に飾る

3 / 「Z」の終着点の右下に角が合うおかずを置いたら左下、横も詰めていく

6 / 隙間を作らないよう気をつけ、色や味がうつるものはグラシン紙を切ってのせる
★形をそろえるときれいに見えます

さつまいもと新ショウガの炊き込みごはん

米 ‥‥‥3合
さつまいも ‥‥‥1本
新ショウガ ‥‥‥1かけ
塩糀 ‥‥‥ 大さじ2
白だし ‥‥‥ 大さじ2
水 ‥‥‥550cc

1. 米は洗って30分以上浸水させておく
2. 洗った米と水、塩糀、白だしを土鍋に入れ、ひと口大に切ったさつまいもと千切りの新ショウガを入れる
3. 強火で15分炊き、火を止めて15分蒸らす

★古いショウガで作る場合は、ショウガを半分程度に減らしてください

（長谷園のかまどさん土鍋使用）

油揚げの野菜海苔巻き

油揚げ……2枚
紫キャベツ……2〜3枚
しそ……2枚
プロセスチーズ……2個
味噌……小さじ2
海苔……1/2枚
塩……少々

1. 油揚げを半分に切り、開いておく
2. 紫キャベツを千切りにし、塩を少々ふってもんで水気を搾っておく
3. 1に海苔としそをひき、紫キャベツ、プロセスチーズ、味噌を置き、くるくると丸めて楊枝で止める
4. フライパンでから焼きし、半分に切る

かぼちゃの甘酒煮

かぼちゃ……1/4個
昆布だし……ひたひたくらい
みりん……大さじ3
醤油……大さじ2
甘酒……大さじ2

1. かぼちゃは食べやすい大きさに切り、ところどころ皮をむき面取りをしておく
2. 鍋にかぼちゃを並べ、昆布だしをひたひたくらいまで注ぐ
3. みりん、醤油、甘酒をすべて入れ、落し蓋をしてやわらかくなるまで煮る

お豆とレンコンの甘酒醤油煮

レンコン……2節
大豆……1カップ
甘酒……大さじ3
醤油……大さじ3
日本酒……大さじ2
だし……1/2カップ

1. 大豆はたっぷりの水に一晩浸水させてから、やわらかくなるまでゆでる
2. レンコンは表面をたわしで洗い、皮つきのまま薄く輪切りにする
3. フライパンに油（分量外）をひき、レンコンをさっと炒める
4. 大豆も入れて炒めてから、甘酒、醤油、日本酒、だしを入れて煮詰める

★ひよこ豆や虎豆などで作ってもおいしいです。

おかず最中

最中の皮……4つ
さつまいも……1/2本
塩糀……大さじ1

1. さつまいもは皮をむき、蒸籠でやわらかくなるまで蒸し、熱いうちにマッシュして塩糀をまぶしておく
2. 1が冷めたら、最中の皮に詰める

たたきこんにゃくと
ごぼうの甘辛煮

ごぼう……1本
こんにゃく……1枚
ショウガ……1かけ
鷹の爪……1本
Aみりん……大さじ3
　日本酒……大さじ2
　醤油……大さじ2
　はちみつ……大さじ1

1. こんにゃくはたっぷりのお湯で20分ほどゆでてから短冊切りにする
2. ごぼうはたたいてから割いておく
3. フライパンに油（分量外）を入れ、みじん切りしたショウガと鷹の爪を香りが立つまで炒めてから1と2を入れてごぼうがやわらかくなるまで炒める
4. Aを入れて味つけする

ズッキーニの
酢味噌和え

ズッキーニ……2本
A甘酒……大さじ2
　味噌……大さじ2
　練りごま……大さじ1
　千鳥酢……大さじ2
ごま……適量

1. ズッキーニは薄切りし、塩（分量外）を少々ふり置いておく
2. 水分が出てきたらよく搾る
3. Aをよく混ぜて、ズッキーニと和えごまをふる

★菊芋やヤーコン、ウドなどの春野菜ともよく合う和え衣です。

甘酒床の漬けもの

カブ‥‥‥1個
赤カブ‥‥‥1個
イチジク‥‥‥1個
漬け床（作りやすい量）
　甘酒‥‥‥100g
　塩糀‥‥‥大さじ2
　昆布茶‥‥‥小さじ1

1. 漬け床の材料をよく混ぜておく
2. カブと赤カブは薄切り、イチジクは4等分にする
3. 漬け床に漬け、冷蔵庫で半日〜1日寝かせる

★漬け床は冷蔵庫で1カ月くらい保存可能。

ごぼうの味噌漬け

ごぼう ‥‥‥ 小1本
A 味噌 ‥‥‥ 大さじ4〜5
　みりん ‥‥‥ 大さじ2
　すりおろしにんにく ‥‥‥ 1かけ分
片栗粉 ‥‥‥ 適量
ナッツ ‥‥‥ お好みで

1. ごぼうは適当な大きさに切り、たっぷりのお湯で5分ほどゆでる
2. Aを合わせておき、冷めた1と和える
3. タッパーなどに入れて、1週間ほど冷蔵庫で漬ける
4. 片栗粉、お好みで砕いたナッツを一緒につけて高温でカリッと揚げる

★味噌に漬けるとごぼうがやわらかくなるので、ゆですぎず固いくらいで大丈夫です。

春キャベツとたけのこのコロッケ

玉ねぎ ‥‥‥ 1/2個
春キャベツ ‥‥‥ 1/4個
たけのこ ‥‥‥ 200gくらい
オートミール ‥‥‥ 大さじ3
たかきび ‥‥‥ 50g
水 ‥‥‥ 100cc
醤油糀 ‥‥‥ 大さじ2
味噌 ‥‥‥ 大さじ1
フライ用：小麦粉→卵→パン粉の順で

1. たかきびは、100ccの水で15分ほどゆでておく
2. 春キャベツ、玉ねぎ、ゆでたたけのこをそれぞれみじん切りにする
3. 春キャベツは塩をふってしんなりするまで置き、水気を搾っておく
4. 玉ねぎを炒める
5. すべての材料をよく混ぜて、丸くしてフライの材料をつけ、高温でカラッと揚げる

★糀マヨネーズ(P57)やソースなどをつけて食べてもおいしいです。

心躍るピクニックランチ

うららかな一日。そんな日は近くの公園までお散歩に。好きな歌を口ずさみながら、季節の野菜やフルーツをふわふわの食パンに挟んで。お気に入りのバスケット片手に、さあピクニックランチへ。

フィッシュフライもどきサンド

フィッシュフライもどき
- 玉ねぎ⋯⋯1個
- にんにく⋯⋯1かけ
- 菜種油⋯⋯大さじ3
- きのこ⋯⋯1パック
- オイスターソース⋯⋯大さじ2
- 味噌⋯⋯大さじ1
- キヌア⋯⋯1/2カップ
- 水⋯⋯1カップ
- 山芋⋯⋯70gくらい
- レンコン⋯⋯200gくらい
- おにぎり海苔⋯⋯2枚
- きゅうり⋯⋯1本
- フライ用：小麦粉→卵→パン粉の順で

①ソースはトリイソースとケチャップを1：1の割合で
②タルタルソースは糀マヨネーズ（P57）にゆで卵（1個）と玉ねぎ（1/2個分）のみじん切り、アンチョビ（小さじ1）を足したもの

1. にんにく、玉ねぎ、きのこはみじん切りにする。フライパンに菜種油をひいて一緒にしんなりするまでよく炒め、オイスターソースで味つけしておく
2. キヌアは水で15分ゆでておく
3. ゆでたキヌアとすりおろした山芋とレンコンを1と合わせ味噌も混ぜる
4. 海苔の上にのせてフライにし、180℃の油でカラッと揚げる
5. パンに薄切りしたきゅうり、フライに①ソース、②タルタルソースをたっぷりかけてサンドする

テンペとラペのベジサンド

キャロット味噌ラペ (P69)
……………… 適量
テンペ照り焼き …… 適量
レタス …… 2～3枚
スライスチーズ …… 4枚
きのことナッツのクリーム
  | にんにく …… 2かけ
  | 玉ねぎ …… 1/2個
  | きのこ2種 …… 各1パック
  | 味噌 …… 大さじ1
  | 塩糀 …… 大さじ2
  | アーモンドプードル
  | ……… 大さじ3
  | パン粉 …… 大さじ2

1. 薄切りした玉ねぎと割いたきのこ、みじん切りにしたにんにくを油（分量外）をひいたフライパンでしんなりするまで炒める
2. 味噌と塩糀を入れて焦げないように炒めたら、アーモンドプードル、パン粉も入れさっと炒めて火を止める
3. 予熱が冷めたらフードプロセッサーにかけクリーム状にする
4. パンにきのことナッツのクリームをぬり、レタス、キャロット味噌ラペ、テンペ照り焼き、チーズの順でサンドする

テンペ照り焼き

テンペ …… 1袋 (100g)
たれ
  | 醤油 …… 大さじ2
  | みりん …… 大さじ2
  | 日本酒 …… 大さじ2
  | すりおろしショウガ …… 小さじ1
片栗粉 …… 適量

1. テンペは適当な大きさに切り、片栗粉をふって高温でカラッと揚げる
2. たれの材料を混ぜ、火にかけて煮詰める
3. 揚げたテンペを絡める

★テンペは大豆などをテンペ菌で発酵させたもの。

かぼちゃと小豆煮サンド

クリームチーズ……適量
かぼちゃと小豆のいとこ煮
| かぼちゃ……
| 1/4個（200gくらい）
| 小豆……80gくらい
| 甘酒……大さじ4
| 白醤油……大さじ2
| 塩糀……小さじ1
| 塩……少々

1. 圧力鍋に小豆を入れて水をたっぷり注いで火にかけ、沸騰したらざるにあげて渋切りをする
2. 再び圧力鍋に小豆を入れてひたひたくらいの水を注ぎ、圧をかけて少し固めに炊く
3. 小豆の上に適当な大きさに切ったかぼちゃを並べて、水をひたひたくらいまで注ぎ、甘酒、白醤油、塩糀を入れる。かぼちゃがやわらかくなるまで落し蓋をして煮る
4. 塩で味を調えて、熱いうちにほどよくつぶす
5. パンにクリームチーズをたっぷりぬり、いとこ煮をサンドする

フルーツサンド

生クリーム……適量
いちご……6〜7粒
大豆バター（作りやすい分量）
| ゆで大豆……200g
| 甘酒……大さじ2
| 菜種油……大さじ2
| 練りごま……大さじ2
| きび糖……30g
| 塩……小さじ1

1. 大豆バターの材料をフードプロセッサーで撹拌する
2. パンに大豆バターをぬり、切ったいちご、生クリームをサンドする

子どもも喜ぶスイーツレシピ

タルトに甘酸っぱいベリーをいっぱい敷き詰めたり、オーブンからいい香りが漂うスコーンを作ったり。愛娘が「おいしくなーれ」とおまじないをかけたクッキー。魔法のスイーツは子どもたちを自然と笑顔にしてくれます。

ベリーの ベジタルト

タルト生地
[18cmタルト型]
薄力粉……90g
全粒粉……90g
きび糖……20g
塩……ふたつまみ
菜種油……60g
無糖ピーナッツバター
……………15g
甘酒……15g
豆乳……15g

アーモンドクリーム
[18cm型分]
アーモンドプードル
……………50g
薄力粉……10g
塩……ひとつまみ
絹ごし豆腐……40g
菜種油……25g
甘酒……25g
きび糖……25g

豆乳カスタードクリーム
(P99)…………適量
ベリー……適量

1. オーブンを170℃に温めておく
2. アーモンドクリームを作る。アーモンドプードル、薄力粉、塩を合わせておく
3. 豆腐をボウルに入れてよく混ぜてから菜種油を少しずつ入れて乳化させ、きび糖、甘酒も入れてよく混ぜる
4. 2と3をよく混ぜる
5. タルト生地を作る。ボウルに粉類ときび糖、塩を入れて混ぜておく
6. タルト生地の残りの材料を混ぜてから、5の真ん中に流し入れてさっくりと混ぜる
7. のして型に入れ、フォークで穴を開ける
8. 7にアーモンドクリームを流し込む
9. 170℃のオーブンで25分ほど焼く

★豆乳カスタードクリームを作り焼き上がったタルトにぬり、ベリーを無造作に置く。

米粉甘酒
ロールケーキ

生地
[オーブンバット1枚分]
卵 ‥‥‥L4個
きび糖 ‥‥‥50g
米粉 ‥‥‥50g
菜種油 ‥‥‥ 大さじ2
甘酒 ‥‥‥ 大さじ2

豆乳カスタードクリーム
[1本分]
米粉 ‥‥‥15g
菜種油 ‥‥‥25g
きび糖 ‥‥‥30g
甘酒 ‥‥‥50g
豆乳 ‥‥‥200g
ラム酒 ‥‥‥ 少々

1. オーブンを160℃に温めておく
2. 生地を作る。卵1個を黄身と白身にわけておく
3. 白身にきび糖の半量を入れて、ハンドミキサーで角が立つくらいまできつく立てる
4. 卵黄に残りのきび糖、菜種油、甘酒、米粉を入れてよく混ぜる
5. 3と4をさっくりと混ぜてバットに流す
6. 5を160℃に熱したオーブンで15分焼く
7. 豆乳カスタードクリームを作る。材料すべてを鍋に入れ、よくかき混ぜてから火にかける。とろみが出てきたら1分ほど練って火を止めて、冷やす
8. 生地の上に豆乳カスタードクリームをぬり、生地ごと巻いて冷蔵庫で冷やす

★米粉はよく混ぜれば混ぜるほどなめらかな生地になります！
★イチジクなどお好みのフルーツやナッツ、煮豆を巻いてもおいしいです。

甘酒アイスクリーム

[6人分]
米粉 ‥‥ 15g
ココナッツオイル ‥‥ 25g
きび糖 ‥‥ 30g
甘酒 ‥‥ 40g
豆乳 ‥‥ 260g
ラム酒 ‥‥ 少々

1. すべての材料を鍋に入れ、よくかき混ぜてから火にかける。とろみが出たら1分ほど練って火を止める
2. 粗熱がとれたら冷凍庫で固め、食べる直前にフードプロセッサーでなめらかにする

ココナッツ甘酒汁粉

[4人分]
甘酒白玉
　| 白玉粉 ‥‥ 120g
　| 甘酒 ‥‥ 40g
　| 塩糀 ‥‥ 小さじ1
りんごジュース ‥‥ 50ccくらい
ココナッツ汁粉
　| ココナッツミルク ‥‥ 100cc
　| 甘酒 ‥‥ 200cc
　| 豆乳 ‥‥ 150cc
　| 塩糀 ‥‥ 小さじ1
クコの実 ‥‥ 適量

1. 白玉の材料をすべて混ぜ、りんごジュースで加減しながら耳たぶくらいのやわらかさになるようにして丸めておく
2. 鍋に熱湯を沸かし、1の白玉を入れて、浮かんできたら引き上げて冷水に放つ
3. 汁粉の材料をすべて混ぜ、バーミックスなどで撹拌し、なめらかにして冷蔵庫で冷やす
4. 白玉を3に入れてクコの実を散らす

糀ティラミス

[バット1枚分]
絹ごし豆腐 ‥‥ 400g
きび糖 ‥‥ 20g
甘酒 ‥‥ 20g
味噌 ‥‥ 大さじ1
レモン汁 ‥‥ 1/2個分
くず粉 ‥‥ 大さじ1
寒天 ‥‥ 大さじ1
ぬるま湯 ‥‥ 大さじ2
カステラ ‥‥ 適量
無糖ココア ‥‥ 適量
コーヒー ‥‥ 適量

1. くず粉と寒天をぬるま湯で溶かしておく
2. 1に豆腐、きび糖、甘酒、味噌、レモン汁を入れ、バーミックスなどでクリーム状になるまでよく混ぜる
3. バットにカステラを並べて、濃いめに出したコーヒーを刷毛でぬる
4. 2のクリームを注ぎ、表面にココアをふる
5. 冷蔵庫で3〜4時間ほど冷やし、固める

甘酒とみりん粕のスコーン

[6個分]
A 甘酒 ‥‥ 30g
　塩糀 ‥‥ 小さじ1
　みりん粕（または酒粕）‥‥ 30g
　菜種油 ‥‥ 30g

白ごま ‥‥ 10g
B 小麦粉 ‥‥ 60g
　全粒粉 ‥‥ 40g
　ベーキングパウダー ‥‥ 小さじ1

1. オーブンを200℃に温めておく
2. ボウルにAを入れて混ぜておく
3. 2に白ごまを入れて混ぜる
4. Bを合わせて、3にふるい入れ、ヘラでさっくり混ぜる
5. 平らに広げて半分にし、重ねる。これを3回ほど繰り返す
6. 5の生地を丸型で抜き、200℃のオーブンで17分焼く

★豆腐と干し柿のクリーム（P103）や水切りしたヨーグルトを添えて召し上がれ。

素朴な甘酒クッキー

[約20枚]
薄力粉 ····· 50g
全粒粉 ····· 50g
アーモンドプードル ····· 40g
きび糖 ····· 40g
菜種油 ····· 40g
無糖ピーナッツバター ····· 大さじ1
甘酒 ····· 大さじ2
無糖ココア ····· 大さじ2

1. オーブンを180℃に温めておく
2. 粉類、アーモンドプードル、きび糖は混ぜて
   ふるっておく
3. 菜種油と無糖ピーナッツバターを混ぜて2
   に加え、ポロポロになるまで混ぜる
4. 甘酒を入れてまとめて、半分にわける。一つ
   は好きな大きさに成型する
5. もう半分に無糖ココアを混ぜて、チョコ味を
   作り成形する
6. 180℃のオーブンで20分焼く

酒粕トリュフ

[20個]
酒粕 ····· 120g
豆乳 ····· 40g
はちみつ ····· 20g
甘酒 ····· 大さじ2
アーモンドプードル ····· 50g
きび糖 ····· 40g
塩 ····· 少々
菜種油 ····· 30g
無糖ココア ····· 15g

1. フードプロセッサーですべての材料を混ぜ、
   鍋に移す
2. 中火にかけて鍋肌からフツフツし、生地が
   もったりとしてくるまで練る
3. 余熱がとれたら丸めて、無糖ココア（分量外）
   をまぶして冷やす

★ナッツなどを入れてバットなどで凍らすと、ナッツ
バーになります。

りんごと紅茶の
糀パウンドケーキ

小麦粉 ····· 120g
ベーキングパウダー ····· 5g
きび糖 ····· 60g
卵 ····· 1個
菜種油 ····· 70g
酒粕 ····· 30g
甘酒 ····· 30g
アッサム茶葉 ····· ティーバッグ1袋分
くるみ ····· ひとつかみ
りんご、シナモン ····· 適量
みりん ····· 大さじ2〜3

1. オーブンを180℃に温めておく
2. りんごは薄切りにし、シナモンをまぶす
3. 卵をほぐし、きび糖と混ぜて湯銭にかけなが
   ら人肌まで温める。菜種油を加えて乳化させ、
   酒粕、甘酒を入れて混ぜる
4. 小麦粉とベーキングパウダーをふるい入れて
   さっくり混ぜる。りんご、紅茶、刻んだくる
   みも入れて混ぜる
5. 180℃のオーブンで25分焼く
6. 焼き上がってすぐに、みりんをジュッとかけ
   る

豆腐と干し柿のクリーム

[作りやすい量]
絹ごし豆腐 ····· 1/2丁
菜種油 ····· 大さじ2
甘酒 ····· 大さじ2
きび糖 ····· 大さじ3
塩糀 ····· 小さじ1
干し柿 ····· 大1個

すべての材料をフードプロセッサーでなめらか
になるまで撹拌する

★水切り豆腐を使えば、冷蔵庫で3日ほど保存可能。

Madoi
selection

私が発酵ごはんを作るときに、食材はもちろん、調味料にもこだわっています。
味の決め手になる大事な要素ですから、味わいや香りはもちろん、安心なものなのか、どんな思いで作られているものなのかも気にかけています。
そこで、私が愛用しているおすすめの逸品を紹介します。

鈴木こうじ店を訪ねて

　静岡の中心部から南に下って海が見える手前に鈴木こうじ店さんはあります。出会いは4年前。味噌作りの教室を開くときに、どこかいい糀屋さんはないかなと探していたところこのお店を知りました。創業は慶応元年。150年以上続く家族経営の老舗店です。代々受け継がれてきた技を使って、日々糀作りに向き合う姿勢に惹かれ、こちらの糀を使うようになりました。

　モダンでおしゃれな内装と清潔さあふれる工房、そして私が何より大好きなのは家族皆さんの温かいおもてなし。糀菌は生きていますから、糀が作られる工房や作り手の人柄で出来が大きく左右されると思うんです。その味にすっかり惚れ込み、今では厨房をお借りして、少人数の糀料理教室を開催させてもらっています。

　店頭には米や麦、大豆の生の糀をはじめ、無添加の手作り味噌や一度食べたらクセになる甘酒や味噌作りに使用する北海道産の大豆や瀬戸内のあらじおなどが並びます。味噌作りに挑戦してみたい人のための「手づくり味噌セット」も大人気です。日本の発酵食品には欠かせない「糀」は、温度や湿度の影響を受け、管理がとても難しいそうです。だからこそプロである鈴木こうじ店さんが手間暇かけて作る糀は、私の発酵ごはんの基本であり、特別な存在なのです。

静岡市駿河区高松 3079-14
☎ 054-237-1593
営業時間　平日 10:00～18:00
土曜 9:00～16:00
定休日　日曜・祝日

●鈴木こうじ店
無添加手づくり玄米味噌
甘さ控えめで、つぶつぶの食感を楽しめる玄米味噌。国産の玄米と北海道産の大豆、赤穂のあらじおを使い製造しています。添加物、保存料を一切使わず、一定期間寝かせ、状態を見ながら仕上げたお味噌です。

●鈴木こうじ店
玄米生甘酒
糖度が低く、栄養価の高い玄米の甘酒。繁忙期（12月後半～3月）は販売していないので、お店に行ってあればラッキーな商品です。

※鈴木こうじ店の商品価格は直接お問い合わせいただくかHPをご覧ください。

●鈴木こうじ店
無添加手づくり味噌
玄米味噌に比べ、あっさりとした甘さが特徴の米味噌。寝かしの期間も約1カ月と短く、静岡味噌とも呼ばれています。私の料理教室でも愛用しているお味噌です。

Madoi
selection

●富士高砂酒造　吟醸酒粕
　500g　430円（税込）
富士市にある天保2年創業の富士高砂酒造さん。能登杜氏を招き、富士山の伏流水を使った少し甘みのある口当たりの優しい地酒が人気です。吟醸酒粕は新酒の酒粕で、魚の粕漬けなどにも使われています。風味豊かな香りが特徴で、お料理やお菓子の風味づけに欠かせません。

■富士高砂酒造
富士宮市宝町9-25
☎ 0544-27-2008

● 純米本みりん　飛鳥山
　720ml　1296円（税込）
藤枝にある杉井酒造さんが作る静岡県唯一の本みりん。国産のお米を使用した本格焼酎で作られるみりんは、きめ細かさと奥深い甘みがあって、貴重な「みりん粕」とともに私の発酵ごはんに欠かせない調味料です。

■ 杉井酒造
藤枝市小石川町 4-6-4
☎ 054-641-0606

● 京酢　加茂千鳥
　900ml　610円（税別）
江戸享保年間に創業した村山造酢さん。食酢専業で、今に続いている老舗です。米と熟成した酒粕から仕込み、長年培われた職人技によって醸造された米酢は、まろやかな味と香りが食材の味をさらに引き立ててくれるので、よく買い求めています。

■ 村山造酢
京都市東山区三条大橋東 3-2
☎ 075-761-3151

● 天野醤油　本丸亭
　720ml　900円（税別）
富士山の麓、御殿場でお醤油を作っている天野醤油さん。富士山麓の湧水を仕込み水として使い、国産原料100%で添加物を一切使用しない安心安全な手作り品です。中でも私がよく調味料として入れる本丸亭。国産丸大豆と小麦でじっくりと発酵させたすっきりとした味はどんなお料理にもぴったりです。

■ 天野醤油
御殿場市御殿場 139-1
☎ 0550-82-0518

● トリイソース　中濃ソース
　200ml　420円（税込）
浜松名物としてもおなじみの大正13年創業の「トリイソース」。国内産生野菜とスパイスを原料のまま使い、国内唯一の低温二段抽出法により木桶で熟成させています。「中濃ソース」は、ウスターソースをベースに長野県産のりんごを加え、あっさりした甘みに仕上がっています。完全無添加で、野菜のうま味が凝縮されたまろやかな味が大好きです。

■ 鳥居食品
浜松市中区相生町 20-8
☎ 053-461-1575

教室のこと

発酵ごはんの教室を始めてから、何百人という方が通ってきてくださいます。常連さんもいれば初めての方、赤ちゃんと一緒に参加される方もいらっしゃいます。遠くは四国や和歌山、群馬など他県から来てくださる方も。毎回の教室が一期一会でその時だけの時間。いちばん思うのは「楽しんでもらいたい」ということ。わざわざ足を運んでくださる皆さんに発酵食を学んでもらうだけでなく、「円居の時間」をまるごと楽しんでもらいたい。時々分量を量り間違えたり、入れ忘れたり、抜けているとこも多くて、ちゃんとしなくちゃ！と日々反省しながらも、丸ごと受け入れ、楽しんでくれる優しい皆さんに支えられて、日々笑いの絶えない教室です。